RAPPELLEZ VOS COLLÈGUES.

A PARIS.

Chez la Veuve d'ANT.-JOS. GORSAS, Imprimeur-Libraire, rue Neuve des Petits-Champs, au coin de celle de la Loi, N°. 741.

Et chez la Citoyenne MATHÉ, Libraire, Galeries de Bois, en face du passage du Lycée, au Palais Égalité, N°. 222.

AN III DE LA RÉPUBLIQUE.

RAPPELLEZ VOS COLLÈGUES.

Le courage & la prudence que la Convention a déployé dans l'affaire de Carrier, sont la plus belle réponse qu'elle put faire à ses calomniateurs. Elle a prouvé qu'elle étoit décidée à frapper le crime quelque part qu'elle le trouvât ; mais en même-tems, cédant à la voix de l'humanité outragée, elle livroit un de ses membres à la vengeance nationale ; elle a voulu qu'une longue discussion précéda cet acte de justice, afin qu'on ne put l'attribuer, ni aux effets d'une prévention aveugle, ni aux efforts d'une faction puissante. Elle a donné au prévenu tout le tems de se défendre, de se disculper s'il avoit été possible ; la France entière qui avoit les regards fixés sur cette grande affaire, a pu juger de ses principes par sa décision

Quelle différence entre ce décret d'accusation et ceux qui l'ont précédé. Ici ce n'est plus un représentant du peuple livré, sans avoir été entendu, ſur la ſimple parole de quelques membres d'un comité, au fer des aſſaſſins qu'ils avoient eux-mêmes choisis pour compoſer un tribunal de mort, autorisé à noyer la liberté dans le ſang des victimes; ce n'eſt plus Robespierre aidé de ſes complices, cachant une conspiration réelle, sous des conspirations imaginaires; marquant dans le sénat les têtes qu'il lui faut pour aſſurer son empire, et demandant impudemment à la Convention opprimée, qu'elle lui livre tels & tels de ses collègues, auxquels il suppose le courage nécessaire pour soulever le voile dont il couvre ses perfidies. C'eſt le cri du sang qui s'éleve, c'eſt l'exiſtence trop conſtante de crimes qui ont fait frémir la nature, c'eſt la force des preuves accumulées qui désignent le coupable, & porte ses collègues après un long & pénible examen, à le livrer au jugement d'un tribunal intègre, dont l'arrêt sera respecté, soit qu'il laisse tomber le glaive de la loi sur une tête criminelle, soit qu'il le détourne de l'innocent accusé.

Il n'est pas un patriote qui, en apprenant ce décret d'accusation, en ignora comme autrefois le motif. Tous se sont dit : *j'aurois prononcé comme les legiſlateurs*. De longs débats en éclairant la Convention, avoient auſſi éclairé l'opinion publique; & s'il avoit encore exiſté quelques doutes, l'unanimité des votes dans l'appel nominal, les dissipoit tous. Quel homme raisonnable auroit pu en élever, en voyant ceux même qui s'étoient déclarés les plus zélés défenseurs de Carrier, ceux qui dans une société trop célèbre, avoient cherché à lui trouver un rempart, se réunir à leurs collègues pour l'accuser. Tel a dû être le raisonnement des patriotes qui pouvoient avoir été trompés sur son compte : « Ou les députés qui s'étoient montré ses partisans & ses protecteurs, qui nous avoient fait voir la patrie en danger par sa mise en jugement, ont été forcés de céder à l'évidence des faits, ou bien trop foibles pour oser parler en hommes libres, ils ont pour conserver quelque popularité, transigé avec leur conscience, et leur vote est un trait de poliique. Dans le premier cas, tout ce qu'ils nous avoient dit en sa faveur est détruit par eux-mêmes ; dans le second, ce sont des lâches qui ne méritens pas plus notre confiance quand ils parlent pour sa défense, que quand ils le condamnent ; & dès-lors nous ne pouvons nous en rapporter qu'à ceux de leurs collègues qui n'ont point varié. »

Les véritables amis de la patrie se plaisent à calculer, à goûter par avance, les avantages qu'elle doit retirer du jugement de Carrier.

Cette manifestation des principes de la Convention nationale, & ce retour au règne de la justice & de l'humanité, diminuent considérablement le nombre des ennemis intérieurs de la République & ôte aux chefs des rebelles leur plus puissant moyen de propager l'insurrection, celui de présenter le gouvernement comme complice des atrocités exercées en son nom, & la liberté comme la source des crimes dont quelques hommes perfides se sont rendu coupables. Déjà il me semble voir les citoyens que la persécution avoit chassés de leurs foyers, y rentrer avec assurance. Tous ceux que la proscription avoit mis dans le cas d'une défense légitime, & forcé à chercher un refuge contre l'oppreſſion sous les drapeaux de la révolte, vont les abandonner; ceux même qui ont été les premiers égarés, apprendront à distinguer la révolution, des maux qui l'ont accompagné. Oui, le jour où les auteurs de tant d'aſſaſſinats, de tant de cruautés gratuites seront punis, doit être regardé comme un jour de victoire, & d'une victoire d'autant plus précieuse, qu'elle ne coûtera que le sang de quelques monſtres, & aura épargné celui de pluſieurs milliers de français. Ce coup mortel pour tous les hommes de sang, sera le triomphe de la République sur le royalisme; il finira la guerre civile ; il annoncera aux puiſſances étrangères qu'elles ſont prêtes à porter la peine dûe à leur coalition ſacrilège contre notre liberté, & que la Convention eſt réſolue à leur arracher tout-à-fait l'arme la plus puiſſante dont elles se ſoient ſervies jusqu'ici contre nous, nos diviſions intérieures ; & elles ſe trouveront trop heureuses d'obtenir la paix.

Pour parvenir à ce but ſi déſirable, il eſt encore un pas à faire. La Convention ne doit point s'arrêter dans le chemin de la juſtice. Il eſt une vérité que je dois....... que j'oserai lui dire. Le royalisme abattu nous laiſſera encore en proie à quelques inquiétudes. Les républicains les plus sincères, ceux qui ont commencé la révolution & l'ont soutenue dans toutes ſes criſes, ont encore entr'eux des germes de diviſion. Ces germes fermentent dans les départemens, dans celui même de Paris. Légiſlateurs, il faut les étouffer, les détruire. Qu'une loi sage calme tous les esprits & nous enlève pour jamais jusqu'au moindre prétexte de nous déchirer entre nous.

Les cœurs de tous les patriotes se réuniſſent à la Convention. Elle eſt le centre réel de la puiſſance nationale ; mais dès que nos regards s'y arrêtent, nous voyons avec douleur qu'elle n'eſt pas complette. Hâtez-vous de lui rendre ſon intégralité, car cette intégralité seule est le garant de la liberté générale. Je ne réveillerai pas d'anciens motifs de haine, de vengeance & de dissensions, quand je cherche à les étouffer. S'il existe encore quelques meneurs du 31 Mai, quelques agens de cette grande faction, je les oublie; puissent-ils s'oublier de même. Je me bornerai donc ici à établir, d'abord, la nécessité de rendre à l'Assemblée Conventionnelle toute son intégralité; ensuite, j'examinerai les moyens dont on peut, dont on doit se servir pour la lui rendre.

Il est de principe *qu'une loi ne peut nous lier qu'autant qu'elle est librement consentie*, & qu'un décret n'est loi que lorsqu'il est *l'expression de la volonté générale*.

L'étendue de la France & son immense population s'opposant à ce que chaque citoyen concourut immédiatement à la formation de la loi, il a fallu que tous ses habitans réunis par sections, nommassent des hommes en qui ils eussent confiance, & auxquels ils donnassent les pouvoirs nécessaires pour exprimer leur vœux & former un corps de loi, sauf à rejetter ou adopter, soit provisoirement, soit définitivement, le résultat de leurs travaux; de la réunion de ces mandataires ou représentans, s'est formée la Convention nationale. D'après les bases établies, chaque département doit concourir à cette formation, par tel nombre déterminé de députés.

Cela posé, j'examine la Convention telle qu'elle est aujourd'hui. Je vois que soixante-treize de ses membres sont frappés depuis plus d'un an d'un décret de suspension. Les départemens qui les avoient nommés, ne sont plus représentés suivant toute l'étendue de leurs droits dans le corps Législatif et Conventionnelle; un département même, n'a pas un seul député; ce défaut absolu de représentation d'un département, & la disproportion de celle de plusieurs autres, les empêchent donc de concourir comme ils le devroient, à la formation des décrets; donc leurs vœux ne sont point suffisamment exprimés dans ces décrets; donc ils ne sont point l'expression de la volonté générale; donc......... conséquence terrible qui vient arrêter ma plume.

Envain prétendroit-on attaquer ce raisonnement, en disant que les députés ne sont point représentans de tel ou de tel département, mais de la République entière. Cette prétention établiroit un systême dangereux. Car il s'ensuivroit que sur 87 départemens, par exemple, les députés de 84 pourroient suspendre ceux des trois autres; que sur les 84 restant, 80 pourroient suspendre ceux des quatre autres; que sur ces 80, 75 pourroient suspendre ceux des cinq autres, ainsi de suite, jusqu'à ce que prétendant toujours être représentans de la nation entière, & non de tel ou tel département, les votans se trouvassent à force de suspension, réduits à la députation du département qui auroit fourni le le plus grand nombre de députés, & alors, à l'aide de ce sophisme, nous nous trouverions à avoir, non pas une République générale, mais une République municipale & aristocratique, comme la République Romaine; les départemens ne seroient que des provinces tributaires de cette nouvelle Rome, quelqu'elle fut, & leurs habitans ne jouiroient pas plus de l'exercice de leur liberté, qu'ils n'en jouissoient sous le despotime des Rois. La première des prérogatives de l'homme libre est de se donner des loix à lui-même, & s'il faut que j'en reçoive, peu m'importe qu'elles me soient données par un seul homme, ou par plusieurs qui me sont également étrangers. Car quelque fiction politique qu'on emploie pour combattre l'évidence, on ne persuadera jamais à un homme raisonnable qu'il est représenté dans une assemblée de mandataires, dont les siens auront été chassés, & que ceux des autres commettans qui n'avoient ni plus ni moins de droit que lui, aient eu celui de renvoyer les siens pour se substituer dans les pouvoirs qu'il leur avoit donné. Je dis plus, les membres d'une députation n'ont point le droit de se réunir à celles des autres départemens pour dépouiller un de leurs collègues de son mandat, car pour admettre cette faculté, il faudroit que le mandataire du souverain put détruire l'acte immédiate de ce souverain même, ce qui seroit une absurdité révoltante : or la nomination d'un député est un acte de souveraineté exercé par une section du peuple souverain, & que lui seul peut annuller.

Mais, dira-t-on, dans le cas de délit imputé à un de ses membres, que doit faire la Convention ? Dans ce cas, elle doit traduire le prévenu au tribunal chargé d'en connoître ; & pour que la représentation en souffre le moins possible, il faut que le tribunal prononce sur ce délit par préférence, & *tout autre affaire cessante*. Si le député est innocent, qu'il soit rendu de suite à ses fonctions ; s'il est coupable, qu'il soit puni & remplacé par son suppléant. Cette préférence dans l'instruction & l'expédition de son procès ne blesse pas l'égalité, car ce n'est point pour l'intérêt de l'individu, mais pour celui du souverain qu'il est chargé de représenter, que cette préférence eſt établie, & tous les intérêts doivent céder à celui-là. Ici je raisonne généralement, & pour Joseph Lebon & David, comme pour les 73 députés; car quoique l'absence de ces deux premiers ne laiſſe pas dans la Convention un vuide auſſi conſidérable que celle des 73, je regarde comme un grand mal qu'un représentant quelconque soit privé de quelque manière que ce soit, des fonctions eſſentielles dont il eſt chargé, & je pense que lorsqu'il eſt dans le cas d'être jugé, son absence ou celle de son suppléant ne doit durer que le tems ſtrictement nécessaire pour établir ou son innocence, ou sa condamnation.

Revenant à l'affaire particulière des soixante-treize députés qui présente dans le corps Conventionnel une lacune conſidérable qui eſt très-préjudiciable à la nation, je veux supposer ici, & très-gratuitement aſſurément, qu'ils sont bien évidemment coupables, non pas d'une simple erreur, non pas d'avoir cru, d'après les apparences, que la Convention n'étoit pas libre, mais d'un gros délit, auſſi gros qu'il plaira à DUFOURNY & à tous autres de le prétendre, d'un crime capital, même ſi l'on veut de contre-révolution (pour du coup on ne me croira point d'accommodement difficile). Tout cela établi claire comme le jour, je dirai que les départemens qui les avoient nommés, ne devoient point être punis du crime de leurs mandataires infidèles. Cependant ils sont depuis plus d'un an privés de leur représentation légale dans la Convention; ils ne concourent que sophistiquement à la formation des loix qui les régissent. N'est-ce pas là une véritable punition, & la plus dure qui puisse être infligée à des hommes libres, la privation de leurs droits.

« Plutôt la mort que l'esclavage, »

Depuis plus d'un an la Convention est horriblement mutilée. Devoit-elle souffrir cette mutilation, injuste dans son principe, affreuse dans ses suites; disons toute la vérité puisque nous avons commencé à la dire. Cette insousiance est bien coupable! elle a pensé causer la ruine de ma Patrie. Ce premier déchirement de la représentation nationale; cette violation des droits du Peuple dont vous étiez les gardiens, ont produit les assassinats juridiques de vos collègues, la mort de cent mille Français égorgés par des Français, & toutes les atrocités qui ont signalé le règne abominable, impie de Robespierre & de ces complices. Ces vérités sont dures, j'en conviens; il en coûte à mon cœur pour vous les dire. Mais il connoît les devoirs rigoureux de l'amitié, &

s'il parle son langage austère, c'est qu'il sait que les républicains sont faits pour l'entendre.

Législateurs, je vous l'ait déjà dit dans mon numéro 12 de l'Ami de la Convention : *la faute la plus courte est toujours la plutôt pardonnée.* Tous les sophistes de l'univers ne sauroient empêcher que celle qui est commise ne l'ait été; il faut donc tâcher de la réparer, autant qu'il est possible, & d'y travailler franchement & loyalement. Ce qui est fait est fait; il ne dépend ni de vous, ni de vos collegues, ni de moi de l'empêcher. Mettez donc de côté tout ce qui s'est passé à cet égard; tous les petits torts peut-être réciproques, les petites querelles, les craintes puériles, les haînes, les vengeances personnelles et particulieres; que l'intérêt de la Patrie vous unise. Vos collègues feront à la République le sacrifice de leur longue détention. Il est plus facile d'oublier les maux qu'on a soufferts que ceux qu'on a causés.

J'entends déjà une voix, qui sans doute se trouve dans ce dernier cas, me dire qu'un décret ne peut être retiré sans un rapport préalable. Eh bien, si l'on veut examiner, discutons froidement les prétendus motifs de cette arrestation; mais sur-tout, représentans du peuple, ne portez pas dans cet examen l'idée qu'il seroit de votre intérêt de les trouver coupables. Car si, innocens, ils devoient être rendus à leurs fonctions, coupables ils doivent être punis et remplacés, et votre indulgence seroit encore plus criminelle qu'une sévérité déplacée; parce que ce seroit alors un acte caractéristique de despotisme qu'avoir si long-temps soustrait, par une lettre-de-cachet, des coupables à la vengeance des loix; et en effet, votre décret d'arrestation au lieu d'être une surprise, une erreur dans laquelle les agens de Robespierre vous auroient entraînée pour servir ses projets en diminuant vos forces, seroit réellement une lettre-de-cachet que rien ne pourroit excuser.

Bien persuadés que vous n'avez pas d'intérêt à trouver des coupables, examinons les raisons qu'on prétend opposer au rapport de ce fameux décret.

On a d'abord cherché à vous insinuer l'idée que ce *seroit faire le procès à la journée du 31 mai*.

Non. La Convention, en rappelant dans son sein les membres qui en ont été chassés par la faction Robespierre, ne fera pas le procès à la journée du 31 mai; elle détruira une injustice qui a suivi cette journée. Les hommes *impurs* qui l'avoient préparée, en ont profité pour exclure ceux des députés qui les premiers avoient découverts leurs projets liberticides; croyez-vous que Robespierre n'ait conspiré que trois mois? Son ambition, cachée sous les dehors hypocrites du patriotisme, datoit de plus loin. Il y a plus d'un an qu'il jettoit les fondemens de son empire. Comme il vouloit l'établir sur les débris de l'autorité nationale, il falloit qu'il commença par avilir et renverser la représentation, à qui cette autorité étoit confiée; qu'il éloigna ceux de ses collegues dont il craignoit l'oppposition; qu'il porta des coups terribles qui puissent intimider et retenir les autres; enfin, pour me servir de l'expression d'une de ses victimes, qu'il mit *la Convention en coupe réglée.* La premiere coupe se fit le 7 octobre; elle a été suivie de plusieurs autres. La facilité avec laquelle on arrachoit les députés aux fonctions augustes que le Peuple leur avoit confiée, pour plonger dans les fers ou les traîner à l'echafaud, a livré la France à des scélérats qui peut-être régneroient malheureusement encore, si l'ambition ne les avoit divisée. L'oppression, les boucheries judiciaires, l'empire affreux de la terreur, dattent de cette premiere mutilation du corps constitutionnel. En renversant Robespierre, en délivrant la France du joug des décemvirs, vous avez détruit une partie de leur ouvrage, pourquoi respecteriez-vous l'autre qui a été la base fondamentale

fondamentale de leur domination? Sans entrer ici dans l'examen et la discussion des avantages ou réels ou factices qu'on prétend que la République a retiré de cette fameuse journée, vous devez vous hâter de réparer les suites funestes qu'on lui a données. Quand bien même elle seroit l'ouvrage du Peuple; quand il en seroit résulté tous les biens imaginables, il ne s'ensuivroit pas qu'on dût respecter les abus auxquels elle a servi de prétexte; les détruire ne seroit pas plus faire le procès à cette journée, qu'on ne fait le procès à la révolution en poursuivant les crimes dont elle a été souillée. Une pareille prétention seroit très-favorable aux monstres qui ont déhonoré la République, s'ils pouvoient ainsi l'associer à tous leurs brigandages et à tous leurs assassinats. Certes, votre intention n'est point telle quand vous les poursuivez; ne vous laissez donc point séduire par les sophismes de ceux qui, sous prétexte de respecter la journée du 31 mai, voudroient vous porter à consacrer une injustice et à perpétuer un abus funeste à la chose publique.

On tâche encore de vous y engager en vous insinuant que votre intérêt et celui de l'état, demande l'exclusion des soixante-onze. *Avez-vous consulté l'interêt de la Patrie? avez-vous consulté le vôtre...?* Je ne m'arrêterai pas long-temps au blasphême politique que contient ce double interrogatoire. J'observerai seulement que la Convention ne peut avoir d'autre intérêt que celui de la Patrie, & que c'est lui faire un outrage de diviser & distinguer ainsi deux intérêts où il ne doit y en avoir qu'un. L'intérêt de la France veut que vous soyez justes; que vous fassiez de bonnes loix, et que les malveillans n'aient point d'armes pour attaquer vos décrets. Or, j'ai démontré que l'exclusion illégale de soixante-onze membres de la Convention, fournit des armes contre vos opérations; leur absence vous prive des lumières & des talens que le Peuple a cru leur connoître lorsqu'il les a chargés de coopérer à la formation des loix; et ce seroit une justice de les dépouiller de leurs qualités de Représentans du peuple, s'ils sont innocens; c'en seroit une de les menager s'ils sont coupables, donc l'intérêt de la France est que vous vous occupiez incessamment de leur affaire pour les rendre à leurs fonctions, ou les remplacer et les punir; et dans tous les cas, compléter la Convention.

On cherche encore à vous insinuer des craintes personnelles. *Qui sait*, vous dit-on, *s'ils rentrent jusqu'où ils porteront leurs prétentions.* Quelle petitesse de moyens! quoi l'exclusion de vos collègues pourra être motivée sur un doute, sur un *si*. N'est-ce pas vous insulter qu'employer auprès de vous un argument aussi puéril? Avec de pareilles suppositions on pourroit vous exclure tous les uns après les autre. Quelles sont donc ces prétentions si terribles? les ont-ils manifestées? Non; mais on voudroit vous faire craindre des haines, des vengeances particulières; comme si ce n'étoit point une absurdité que de leur supposer de tels projets, dans le moment même où l'on ôse leur faire un crime d'avoir dit & pensé que *vous n'étiez point libres*. N'ont-ils donc point péri, les principaux auteurs de leurs maux? Les Hébert, les Ronsin, les Chaumette, les Hanriot, les Gramont, les d'Orléans, les Robespierre, les chefs *impurs* des factions qui les ont persécutés, n'ont-ils point payés de leur tête les attentats commis contre la liberté? sur qui donc veut-on persuader que doit retomber leur vengeance? sur vous? Ils ont plaint; ils ont publié l'oppression qui vous accabloit; ils gémissent de ce qu'un an d'esclavage & de crainte a trop expié de votre part un moment de foiblesse ou d'erreur; sur quelques individus obscurs, sur quelques agens subalternes des grands coupables. Non; s'ils punissent ces hommes vils ce sera en les abandonnant au mépris qui les couvre.

On prétendroit encore vraiment associer les

habitans de Paris aux crimes des ſcélérats. Le Peuple en maſſe veut le bien; mais ſouvent des hommes perfides le trompent ſur les moyens de de l'opérer. Les Pariſiens, au 31 mai, avoient des intentions pures; et puiſque l'on a bien voulu convenir que leur mouvement fut dirigé par des mains impures, le crime appartient excluſivement à ses meneurs. Le bien qu'on dit en être réſulté doit ſeul être attribué au Peuple; tout le reſte lui eſt étranger, et ne rejaillit que ſur les agens infâmes des factions. Qu'on ceſſe donc de vouloir l'intéreſſer an maintien des atrocités qui ſont l'ouvrage des complices de Robespierre. Conſultez les ſections de Paris délivrées maintenant de leurs tyrannaux? Vous entendrez la voix du Peuple qui les compoſe, & non celle de quelques intrigans fauteurs du despotiſme; vous verrez que ses cris ſe réuniront à ceux de tous les départemens pour vous engager à marcher dans le chemin de la juſtice; la nation attend de vous un grand pas. Législateurs, le faisant, aſſurez la proſpérité générale.

Les répuublicains qui ont applaudit aux principes de juſtice & d'humanité que vous avez proclamés dans votre adreſſe au Peuple français, ſe plaiſe à voir que vous les mettez journellement en pratique. Ils ſont perſuadés que vous n'aurez point deux mesures & deux poids ; la privation du titre de Représentant du peuple est une peine trop grande pour être infligée legérement ; elle entraîne nécessairement la perte de la confiance publique, & cette punition est plus cruelle que la mort ; mais comme aucune loi ne la prononce, elle ne peut être que la suite d'une peine afflictive légalement appliquée. Législateurs, vous ne pouvez point être juges, ni par conséquent prononcer l'application de la loi ; il faut donc que vos collègues, pour être exclus de la Convention, soient traduits devant un tribunal ; mais un député ne peut l'être qu'en vertu d'un acte d'accusation émané de la Convention. Des règles sont établies pour y parvenir ; suivons-les donc, & supposant que vos comités réunis aient déclaré qu'il y a lieu à examiner la conduite de vos soixante-onze collègues ; procédons à examen & discutons les inculpations qu'on *veut* diriger contr'eux.

Première INCULPATION. *Ce sont des fédéralistes.*

Le temps n'est plus où avec de grands mots que la majeure partie du Peuple ne comprenoit pas, on parvenoit à exalter les têtes, à exciter les haînes, à diriger les passions de maniere à perdre ceux qui déplaisoit à tel ou tel parti. L'opinion publique, éclairée sur toutes ces petites machinations, a fait justice de ces termes de factions : *fédéraliste* ; *marais* ; *plaine* ; *montagne*. Vous même avez proscrit toutes ces désignations odieuses, sources de querelles et de dissentions. Je pourrois donc me contenter de faire rejaillir tout le ridicule de cette inculpation sur ceux qui ont ou la méchanceté, ou la bêtise de la renouveller ; mais comme on affecte d'y attacher une certaine importance, et qu'une grande affiche jaune, bien déraisonnante, bien absurde, est venu au secours des bons amis de Robespierre, qui, désespérés de l'oisiveté à laquelle ils sont réduits, ne demanderoient pas mieux que voir renaître les troubles, afin de trouver l'occasion d'employer leurs talens et de justifier leurs amour pour le *bien public* et celui *de leurs voisins* ; je vais donc tâcher de conserver mon ton sérieux et traiter gravement cette puérilité.

Si par ce mot *fédéraliste* on entend des hommes qui ont formé une fédération contre la sûreté et la liberté de la France, alors je conviendrai qu'il exista des *fédéralistes* ; mais il ne faut pas les chercher parmi les soixante-onze députés. Les vrais fédéralistes dans ce sens, étoient les jacobins ; ce sont eux qui, à l'aide de l'affiliation des sociétés composées de patriotes exclusifs, étoient parvenus à établir une quantité de petits gouvernemens, qui, par une correspondance active et des secours qu'ils se prêtoient réciproquement, formoient une fédération contre tout ce qui n'étoit pas jacobin. Le nombre des gouvernans, car ils gouvernoient réellement par l'empire qu'ils avoient pris sur les autorités constituées, et même sur la Convention, montoit à soixante ou quatre-vingt mille despotes, qui comptoient plus de 24,900,000 esclaves. La durée de leur tyrannie, malgré cette immense disproportion, est seule une preuve évidente de leur fédération, dont la diette générale se tenoit à Paris; car sans cette assistance mutuelle de toutes les réunions d'hommes de sang et de voleurs, leurs brigandages et leurs assassinats auroient bientôt été réprimés et punis dans chaque commune où ils étoient au plus, dans la proportion d'un à deux cent cinquante-sept. Ce ne sera donc point ceux qui les premiers se sont insurgés contre ce systême affreux d'oppression, qu'on pourra accuser de s'être fédéralisé contre la liberté.

Si, au contraire, on entend par fédéralistes les partisans de la République fédérative. Je réponds qu'aucun d'entre les soixante-onze n'a songé à ce systême, et n'a manifesté une opinion tendante à adopter ce mode de gouvernement; et je défie tous les *Dufourny* du monde, de trouver dans aucun procès-verbal du temps, et dans aucun papier public, la preuve que ces victimes des factions l'aient proposé. Leurs accusateurs d'alors, comme ceux d'aujourd'hui, se sont toujours contenté de parler de fédéralisme sans se soucier des preuves; et l'on verra par le fameux rapport de St.-Just, et les écrits de ceux de sa bande, qu'on avoit l'absurdité de les accuser à-la-fois d'être royalistes et fédéralistes, ce qui, dans l'acception que nous donnons à ce mot, est le comble de l'absurdité.

Je vais plus loin. Quand il seroit démontré jusqu'à l'évidence qu'ils eussent proposé de former de la France une République fédérative, on ne peut leur en faire un crime; car ce gouvernement n'est point contraire à la liberté. Toute la différence qu'il y a entre notre état actuel et celui-là, est que la France formeroit une grande République dont les loix constitutionnelles et fondamentales seroient générales et communes à tous ses habitans; mais dont les sections ou arrondissemens plus ou moins considérables auroient leurs réglemens locaux, au lieu qu'aujourd'hui toutes nos loix reglementaires sont communes comme les loix constitutionnelles. L'expérience peut seule décider entre ces deux formes de République. C'est au temps à faire voir s'il est avantageux que l'habitant de la Provence et celui de la Flandre; le pêcheur du Conquet et le pâtre des Alpes, soient assujettis aux mêmes réglemens, à la même police, malgré la différence que le climat et leur situation apportent nécessairement dans leurs mœurs.

Envoyés pour donner à la France une constitution républicaine, les députés ont pu, ils ont même dû dire ouvertement leur opinion sur la forme qn'ils croyoient convenir à l'étendue de son territoire; et c'est un délit contre la souveraineté du Peuple que poursuivre ses représentans pour avoir rempli leur mandat, d'après l'impulsion de leur cœur et les conseils de leur raison, qui peut avoir été trompée par des apparences fausses, mais dont les écarts ne peuvent être regardées que comme des erreurs, et jamais comme des crimes,

D'après cette petite dissertation sur le fédéralisme, qu'on juge entre ceux même qui auroient eu ce systême, et les partisans de la faction qui vouloit asservir la Convention, la mettre sous la tutelle de la commune et des jacobins de Paris, afin de gouverner la France sous son nom, d'établir une République à la façon des Romains, et de traiter les départemens comme ces Conquérans orgueilleux traitoient les Peuples subjugués.

Deuxième INCULPATION. *Ils ont protesté contre la journée du 31 mai.*

Ils se sont contentés de raconter les faits, tels qu'ils les ont vu, tels que vous les avez vus vous même, tels enfin qu'ils se sont passés. Ils ont cru & dit que la Convention n'étoit point libre, quand ses tribunes et ses couloirs étoient remplis d'hommes féroces & de ces mêmes furies qui ont osé encore récemment, vous assiéger pour sauver l'assassin du peuple Carrier; quand les députés étoient insultés & menacés jusqu'au sein de votre salle; quand on les empêchoit d'aller satisfaire aux besoins les plus pressans de la nature; quand une commune reconnue conspiratrice & une commission illégale, dépourvue de toutes fonctions légitimes, faisoient de leur autorité privée, tirer le canon d'allarme, sonner le tocsin & marcher des hommes armés vers l'enceinte de vos séances; quand des vociférations horribles demandoient la tête de vos collègues & proscrivoient la grande majorité d'entre vous, quand le scélérat Hanriot, ce lieutenant-général de toutes les factions, juroit qu'il feroit canonner votre salle ; enfin, quand vous même étiez contraints de livrer vos collègues à la fureur des factieux. Convenez que s'ils se sont trompés, ils avoient au moins en faveur de leur erreur toutes les apparences, ou plutôt, ne soyez pas sincère à demi. Le crime des soixante-onze n'est autre chose que celui d'avoir dit la vérité au moment où il étoit dangereux de la dire.

Ecoutez aujourd'hui ces braves sans-culottes des fauxbourgs & de la cité. Vous les entendrez dire qu'ils ont été égarés par les plus insignes calomnies, & qu'ils n'ont d'autres regrets que celui d'avoir suivi les conseils des hypocrites qui avoient surpris leur confiance, mais dont les atrocités ont fait tomber le masque ; autant ils en ont été dupes il y a dix-huit mois, autant ils les détestent maintenant. Jettez les yeux sur les principaux acteurs de ces scènes d'horreurs ; vous y verrez les chefs de trois factions différentes opposées d'intérêts, réunies pour le crime, & dont chacune se promettoit bien de renverser les deux autres ; vous y verrez une commune chargée d'une comptabilité immense, chercher dans la confusion d'une guerre civile, les moyens d'éviter de rendre gorge & de restituer ses vols ; vous verrez le parti d'Orléans voulant anéantir la représentation nationale, pour relever le trône & y placer le plus infâme des débauchés ; vous verrez Robespierre, qui depuis terrassa les deux autres partis, pour tomber à son tour, se glisser entre les deux, les flatter également, & s'apprêter à profiter seul de l'avilissement de la Convention. Tous ces chefs scélérats ont péri sur l'échafaud, tous ont été engloutis par leur propre crime & brisés sous le char révolutionnaire dont ils ont accéléré le cours. Portez ensuite vos regards sur les agens subalternes, qu'y trouverez vous ? Cette légion de brigands dont se forma depuis l'armée des Ronsins ; cette nuée de vampires qui ont dévoré Paris sous le nom de comités révolutionnaires. Le reste ne vous offrira qu'une foule de citoyens entraînés par l'erreur ou la contrainte. Voilà ce que vos collègues ont vu, voilà ce qui les a porté à préparer pour leurs commettans, le tableau de la situation où ils s'étoient trouvés. Je dis *préparer*, car il est de fait que cette pièce n'a point été publiée, qu'il n'en a été fait aucun usage, & que lors de l'arrestation de Duperey ils la croyoient tous brûlée.

On vient objecter contr'eux les biens qu'on prétend avoir été la suite de cette journée ; je n'y opposerai pas la somme des maux qui l'ont aussi suivie; je me contenterai de dire que vos collègues ne voyoient que les *mains impures* qui dirigeoient la force du peuple; qu'ils ne voyoient que ce qui se passoit sous leurs yeux & ne pouvoient appercevoir dans un acte de violence actuelle, des avantages reculés; qu'ils n'ont jamais accusé le peuple de Paris, mais les scélérats qui l'égaroient; enfin, que le juste supplice des chefs de faction & d'une partie de leurs complices, a justifié la déclaration de vos collègues.

Des hommes écrasés sous le fardeau de l'exécration publique, voudroient s'en décharger sur vous; ils craignent de voir la majorité vertueuse de la Convention renforcée par des collègues courageux; ils tâchent de les écarter, mais ils ne réussiront pas. Le destin de la France est de donner à l'univers l'exemple de la liberté. Le vôtre, Représentans du peuple, est de donner la paix à l'Europe. Gloire, gloire immortelle à ceux qui arrêteront les torrens de sang qui se répandent, mais pour y parvenir, il faut que les peuples voisins aient dans votre loyauté la même confiance que les Frnçais. Il est donc essentiel que vous commenciez par établir dans l'intérieur, sans aucune restriction, le règne de la justice. L'amnistie que vous avez publiée, est le coup de grace des chefs de la révolte de la Vendée, l'arrêt de mort des buveurs de sang & des voleurs. ENCORE UN PAS VERS LA JUSTICE ; LÉGISLATEURS, RAPPELLEZ VOS COLLEGUES.

BARALERE.

BIBLIOTHÈQUE ROYALE
1

www.ingramcontent.com/pod-product-compliance
Ingram Content Group UK Ltd.
Pitfield, Milton Keynes, MK11 3LW, UK
UKHW022159190726